# Les Amants Magnifiques

## (Les Amants magnifique )

Molière

(Traducteur : Charles Heron Wall)



Writat

Cette édition parue en 2023

ISBN : 9789358812664

Publié par
Writat
email : info@writat.com

# Contenu

## PRÉFACE DE L'AUTEUR.

Le roi, qui ne veut que ce qu'il y a de magnifique dans tout ce qu'il entreprend, a voulu donner à sa cour un divertissement qui comprenne tout ce que peut fournir la scène. Pour faciliter l'exécution d'une si vaste idée et relier entre elles tant de choses différentes, Sa Majesté choisit pour sujet deux princes rivaux, qui, dans la belle vallée de Tempe, où devaient être célébrés les jeux pythiques, rivalisent l'un avec l'autre. l'autre en fêtant une jeune princesse et sa mère avec toutes les galanteries imaginables.

## PERSONNES REPRÉSENTÉES.

IPHICRATE et TIMOCLÈS , *princes amoureux de* ÉRIPHYLE .
SOSTRATUS , *un général, également amoureux de* ÉRIPHYLE .
ANAXARCHUS , *astrologue* .
CLÉON , *son fils* .
CHORŒBUS , *en costume de* ARISTION .
CLITIDAS , *bouffon de la cour, l'un des serviteurs de* ÉRIPHYLE .
ARISTIONE , *une princesse, mère de* ÉRIPHYLE .
ERIPHYLE , *une princesse, fille de* ARISTION .
CLÉONICE , *confidente de* ÉRIPHYLE .
*Une imposture* VÉNUS , *agissant de concert avec* ANAXARQUE .

# PREMIER INTERMÈDE.

*La scène s'ouvre sur le son agréable d'un grand nombre d'instruments et représente une vaste mer, bordée de chaque côté par quatre gros rochers. Au sommet de chacun se trouve un dieu fluvial, appuyé sur les insignes habituels de ces divinités. Au pied de ces rochers se trouvent douze Tritons de chaque côté, et au milieu de la mer quatre Amours sur des dauphins ; derrière eux le dieu* ÉOLE *flottant sur un petit nuage au-dessus des vagues.* ÉOLE *ordonne aux vents de se retirer ; et tandis que quatre Amours, douze Tritons et huit dieux fluviaux lui répondent, la mer se calme et une île surgit des flots. Huit pêcheurs sortent de la mer avec de la nacre et des branches de corail à la main, et après une charmante danse, s'assoient chacun sur un rocher au-dessus d'un des dieux du fleuve. La musique annonce l'avènement de* NEPTUNE , *et pendant que ce dieu danse avec sa suite, les pêcheurs, les tritons et les dieux fluviaux accompagnent ses pas de mouvements variés et du cliquetis des coquilles de perles. Le spectacle est un magnifique compliment rendu par l'un des princes aux princesses lors de leur excursion maritime .*

ÉOLE .

Vous, vents qui troublez les cieux les plus beaux,
Retirez-vous dans vos cavernes les plus sombres, Et quittez le royaume des vagues Au Zéphyr, à l'Amour et aux soupirs.

UN TRITON .

Quels beaux yeux ces demeures humides ont percés ?
Vous, puissants Tritons, venez ; vous les Néréides, cachez-vous.

TOUS LES TRITONS .

Alors levons-nous, toutes ces divinités justes pour nous rencontrer ;
Avec les accents les plus doux et les plus hommages, saluons
leur rare beauté.

UN CUPIDON.

Comme les charmes de ces dames sont éblouissants !

UN AUTRE CUPIDON .

Quel cœur, sinon en les voyant, doit céder ?

UN AUTRE CUPIDON .

Le plus beau des Immortels — des armes
si fines n'a personne à manier.

CHŒUR .

Alors levons-nous, toutes ces divinités justes pour nous rencontrer ;
Avec les accents les plus doux et les plus hommages, saluons
leur rare beauté.

UN TRITON .

Que serait ce noble train qui répond à nos yeux ?
C'est Neptune ! Lui et tout son puissant équipage ! Il vient honorer , de sa belle présence,
Ces belles scènes, et charmer l'air silencieux.

CHŒUR .

Puis frappez à nouveau,
et augmentez votre tension, et faites résonner vos maisons avec des chants joyeux !

NEPTUNE .

Je fais partie des dieux les plus puissants ;
C'est Jupiter lui-même qui m'a placé sur cette hauteur ! Seul, en tant que roi, je balance la vague azur ; dans tout ce monde, je n'ai aucun pouvoir à braver.

Il n'y a pas de terres sur terre qui connaissent ma puissance,
mais qui tremblent de peur que je coule sur leurs prairies; il n'y a pas d'États sur lesquels les vagues turbulentes que je foule en un court instant ne peuvent se propager.

Il n'y a rien que la force des vagues déchaînées puisse retenir,
Pas de triple digue, mais même facilement Mes vagues peuvent l'écraser,
Quand elles roulent le long de leur masse avec la précipitation la plus folle.

Et pourtant, je force ces vagues féroces à céder,
sous la sagesse du pouvoir que j'utilise ; et partout je laisse les marins hardiment
là où ils indiquent leurs cours de commerce.

Pourtant, on trouve parfois des rochers dans mes États,
où les navires périssent, si condamnés par le destin ; pourtant, contre mon pouvoir, personne ne murmure,
car la vertu ne connaît aucune épave là où je me dirige.

UN DIEU DE LA MER .

Dans ce royaume se trouvent de nombreux trésors brillants ;
Tous les mortels se pressent sur ses rivages agréables pour admirer.
Et voudriez-vous gravir de manière célèbre la hauteur éblouissante,
Alors ne cherchez rien d'autre que le visage de Neptune poursuivez .

DEUXIÈME DIEU DE LA MER .

Alors faites confiance au dieu de ce vaste royaume gonflé,
et à l'abri de toutes les tempêtes, vous guiderez le gouvernail ; les vagues voudraient souvent être inconstantes, mais vous verrez Neptune toujours constant.

TROISIÈME DIEU DE LA MER .

Lancez-vous donc avec un zèle intrépide et labourez les profondeurs ;
Ainsi récolterez-vous la bienveillante
faveur de Neptune .

# ACTE I.

## SCÈNE I.——SOSTRATE, CLITIDAS.

CLI . ( *à part* ). Il est plongé dans ses pensées.

SOS . ( *se croyant seul* ). Non, Sostratus , je ne vois pas où tu peux chercher du secours, et tes ennuis sont de nature à ne te laisser aucun espoir.

CLI . ( *à part* ). Il parle tout seul.

SOS . ( *se croyant seul* ). Hélas!

CLI . Ces soupirs doivent signifier quelque chose, et ma supposition se révélera exacte.

SOS . ( *se croyant seul* ). Sur quelles fantaisies pouvez-vous fonder un espoir ? Et à quoi d'autre pouvez-vous vous attendre sinon la durée prolongée d'une existence misérable et le chagrin de ne finir qu'avec la vie elle-même.

CLI . ( *à part* ). Sa tête est plus perplexe que la mienne.

SOS . ( *se croyant seul* ). Mon cœur! mon cœur! à quoi m'as-tu amené ?

CLI . Votre serviteur, mon seigneur Sostratus !

SOS . Où vas-tu, Clitidas ?

CLI . Dis-moi plutôt ce que tu fais ici ? Et quelle mélancolie secrète, quelle tristesse sombre peuvent vous retenir dans ces bois quand tout le monde est allé en foule à la magnifique fête que le Prince Iphicrate vient de donner la mer aux princesses. Là, ils ont droit à une musique et à des danses merveilleuses, et même les rochers et les vagues se parent de divinités pour rendre hommage à leur beauté.

SOS . Je peux imaginer toute cette magnificence, et comme il y a généralement tant de monde pour semer la confusion dans ces fêtes, je n'ai pas voulu augmenter le nombre des invités indésirables.

CLI . Vous savez que votre présence ne gâche jamais rien et que vous ne gênez jamais, où que vous alliez. Votre visage est partout le bienvenu, et n'est pas un de ces visages mécontents qui ne sont jamais bien accueillis par les souverains. Vous êtes également en faveur auprès des deux princesses, et la mère et la fille montrent assez clairement l'estime qu'elles ont pour vous ; de sorte que vous n'avez pas à craindre d'être considéré comme gênant. Bref, ce n'est pas cette peur qui vous a éloigné.

SOS . Je reconnais que je n'ai aucune inclination pour de telles choses.

CLI . Ah effectivement ! Pourtant, même si nous ne nous soucions pas de voir les choses, nous aimons aller là où nous trouvons tout le monde ; et quoi qu'on en dise, les gens ne s'arrêtent pas, pendant une fête, tout seuls parmi les arbres pour rêver d'un air maussade comme vous, à moins qu'ils n'aient quelque chose qui les trouble.

SOS . Pourquoi? À votre avis, qu'est-ce qui pourrait perturber mon esprit ?

CLI . Eh bien, je ne peux pas le dire ; mais il y a ici une forte odeur d'amour, et je suis sûr qu'elle ne vient pas de moi, mais bien de vous.

SOS . Comme tu es absurde, Clitidas !

CLI . Pas si absurde qu'on pourrait le croire. Tu es amoureux; J'ai le nez délicat et je l'ai senti directement.

SOS . Qu'est-ce qui peut bien vous le faire penser ?

CLI . Quoi? J'imagine que vous seriez très surpris si je vous disais en plus de qui vous êtes amoureux.

SOS . JE?

CLI . Oui; Je parie que je devinerai tout à l'heure qui vous aimez. J'ai quelques secrets, ainsi que notre astrologue dont la princesse Aristione est si amoureuse ; et si sa science lui fait lire dans les étoiles le sort des hommes, j'ai la science de lire dans les yeux des gens les noms de ceux qu'ils aiment. Relevez un peu la tête et ouvrez grand les yeux. *E* , par lui-même, *E ; r, je , ri , Eri; p, h, y, phy , Eriphy ; l, e, le, Ériphyle* . Vous êtes amoureux de la princesse Ériphyle .

SOS . Ah ! Clitidas , je ne peux te cacher mon trouble, et tu m'écrases de ce coup.

CLI . Vous voyez comme je suis intelligent !

SOS . Hélas! si quelque chose vous a révélé le secret de mon cœur, je vous supplie de ne le révéler à personne ; et surtout de le cacher à la belle princesse dont vous venez de prononcer le nom.

CLI . Mais, à parler sérieusement, si depuis quelque temps j'ai lu dans vos actions l'amour que vous voulez garder secret, pensez-vous que la princesse Ériphyle ait été assez aveugle pour ne pas le voir ? Croyez-moi, les dames découvrent toujours très vite l'amour qu'elles inspirent, et le langage des yeux et des soupirs est compris plus tôt que par quiconque à qui il s'adresse.

SOS . Laisse-la, Clitidas , laisse-la lire, si elle le peut, dans mes soupirs et mes regards l'amour que sa beauté m'a inspiré ; mais gardons-nous de la laisser le découvrir autrement.

CLI . Et qu'est-ce que tu redoutes ? Est-il possible que ce même Sostrate , qui ne craignait ni Brennus ni tous les Gaulois , et dont le bras a si glorieusement réussi à nous débarrasser de cette nuée de barbares qui ravageaient la Grèce ; est-il possible, dis-je, qu'un homme si intrépide dans la guerre soit assez craintif au point de trembler à la simple mention de son amour ?

SOS . Ah ! Clitidas , je ne tremble pas sans cause ; et tous les Gaulois du monde me paraîtraient moins à craindre que ces deux beaux yeux pleins de charmes.

CLI . Je ne suis pas du même avis, et je sais, pour ma part, qu'un seul Gaulois, l'épée à la main, m'effrayerait bien plus que cinquante des plus beaux yeux du monde réunis. Mais, dis-moi, qu'as-tu l'intention de faire ?

SOS . Mourir sans le dire à mon amour.

CLI . Une belle perspective ! C'est absurde, vous plaisantez ; vous savez qu'un peu d'audace réussit toujours aux amoureux ; seuls les timides et les pudiques sont les perdants ; et si je tombais amoureux d'une déesse, je lui parlerais tout de suite de ma passion.

SOS . Hélas! trop de choses condamnent mon amour à un silence éternel.

CLI . Mais quoi?

SOS . La bassesse de ma naissance, par laquelle il a plu au ciel d'humilier l'ambition de mon amour ; le rang de la princesse, qui met entre elle et mes désirs une barrière si infranchissable. La rivalité de deux princes qui peuvent soutenir l'offre de leur cœur par les plus hauts titres ; deux princes qui offrent tour à tour les plus magnifiques divertissements à celle dont ils s'efforcent de conquérir le cœur, et entre lesquels on attend à chaque instant qu'elle fasse un choix. A tout cela, Clitidas , il y a le respect inviolable auquel elle soumet la violence de mon amour.

CLI . Le respect n'est pas toujours aussi bienvenu que l'amour ; et si je ne me trompe pas beaucoup, la jeune princesse connaît votre affection et n'y est pas insensible.

SOS . Ah ! je vous en prie, ne flattez pas, par pitié, le cœur d'un misérable amant.

CLI . Je ne le dis pas sans bonnes raisons. Elle retarde depuis longtemps le choix d'un mari, et je dois essayer d'en découvrir un peu plus sur tout cela. Vous savez que je jouis d'une sorte de faveur auprès d'elle, que j'ai libre accès auprès d'elle, et qu'à force d'essayer toutes sortes de moyens, j'ai acquis le privilège de dire un mot de temps en temps, et de parler au hasard. sur n'importe quel sujet. Parfois je ne réussis pas comme je le souhaiterais, mais parfois je réussis très bien. Laissez-moi donc faire ; Je suis votre ami, j'aime les hommes de mérite, et je choisirai mon moment pour parler à la princesse de...

SOS . Oh! pour l'amour du ciel, si tu plains mon malheur, Clitidas , garde-toi bien de lui dire quoi que ce soit de mon amour. J'aime mieux mourir que d'être accusé par elle de la moindre témérité, et de ce profond respect dans lequel ses divins charmes...

CLI . Faire taire! ils arrivent tous.

## SCÈNE II.—— ARISTIONE, IPHICRATES, TIMOCLES, SOSTRATUS ANAXARCHUS, CLÉON, CLITIDAS.

ARI . ( *à* IPHICRATE ). Prince, je ne saurais trop en dire, il n'y a pas de spectacle au monde qui puisse rivaliser en magnificence avec celui que vous venez de nous offrir. Ce divertissement avait des attraits merveilleux, qui le feront surpasser tout ce qu'on peut jamais voir. Nous avons été témoins de quelque chose de si noble, de si grand et de si glorieux que le ciel lui-même ne pouvait rien faire de plus ; et je suis sûr qu'il n'y a rien au monde qui puisse lui être comparé.

TIM . C'est un spectacle qu'on ne peut attendre de tous les divertissements, et je crains beaucoup, Madame, pour la simplicité de la petite fête que je m'apprête à vous donner dans le bois de Diane.

ARI . Je suis sûr que nous n'y verrons que ce qui est délicieux ; et il faut avouer que le pays doit nous paraître très beau, et que nous n'avons plus le temps de nous ennuyer dans ce charmant lieu, que tous les poètes ont célébré sous le nom de Tempe. Car, sans parler des plaisirs de la chasse, dont nous pouvons jouir à toute heure, et de la solennité des jeux pythiques qui vont être célébrés, vous avez soin tous deux de nous fournir des plaisirs qui charmeraient les chagrins des plus nombreux . mélancolie . Comment se fait-il, Sostratus , que nous ne t'ayons pas rencontré dans nos promenades ?

SOS . Une légère indisposition, Madame, m'a empêché d'y aller.

IPH. Sostratus est un de ces hommes qui trouvent inconvenant d'être curieux comme les autres, et qui estiment qu'il vaut mieux affecter de ne pas aller là où tout le monde désire être.

SOS . Monseigneur, l'affectation a peu de part dans tout ce que je fais, et, sans vous faire de compliment, il y avait des choses à voir dans cette fête qui m'auraient attiré si quelque autre motif ne m'en avait empêché.

ARI . Et Clitidas a-t -il tout vu ?

CLI . Oui, Madame, mais depuis le rivage.

ARI . Et pourquoi depuis le rivage ?

CLI . Eh bien, Madame, je craignais un de ces accidents qui arrivent d'ordinaire en si grande foule. Cette nuit, j'ai rêvé de poissons morts et d'œufs cassés, et j'ai appris d' Anaxarchus que les œufs cassés et les poissons morts présagent de malheur.

ANA . Je remarque une chose, c'est que Clitidas n'aurait rien à dire s'il ne parlait pas de moi.

CLI . C'est parce qu'il y a tellement de choses à dire sur vous qu'on ne peut jamais en dire trop.

ANA . Vous pourriez choisir un autre sujet de conversation, d'autant plus que je vous l'ai demandé.

CLI . Comment puis-je? Ne dites-vous pas que le destin est plus fort que tout ? Et s'il est écrit dans les étoiles que je parlerai de toi, comment résister à mon sort ?

ANA . Avec tout le respect qui vous est dû, Madame, permettez-moi de vous dire qu'il y a une chose dans votre cour qu'il est triste d'y trouver. C'est que tout le monde se permet de parler, et que l'homme le plus honorable s'expose aux moqueries du premier bouffon qu'il rencontre.

CLI . Je vous remercie pour l' honneur que vous me faites.

ARI . ( *à* ANAXARQUE ). Pourquoi être contrarié par ce qu'il dit ?

CLI . Avec tout le respect que je vous dois, Madame, il y a une chose qui m'étonne en astrologie ; c'est que les gens qui connaissent les secrets des dieux, et qui ont une connaissance telle qu'ils se placent au-dessus de tous les autres hommes, devraient avoir besoin de faire la cour et de demander n'importe quoi.

ANA . C'est une plaisanterie mesquine, et vous devriez gagner votre argent en en donnant à votre maîtresse des plaisanteries plus spirituelles et meilleures.

CLI . Sur ma parole, je donne ce que j'ai. Vous en parlez très confortablement ; le métier de bouffon n'est pas comme celui d'astrologue. Bien mentir et bien plaisanter sont des choses tout à fait différentes, et il est bien plus facile de tromper les gens que de les faire rire.

ARI . Ha! quelle est la signification de cela?

CLI . ( *se parlant à lui-même* ). Paix, imbécile que tu es ! Ne savez-vous pas que l'astrologie est une affaire d'État et qu'il ne faut pas jouer sur cette corde ? Je vous ai souvent dit que vous deveniez beaucoup trop audacieux et que vous preniez certaines libertés qui vous attireraient des ennuis. Vous verrez qu'un jour vous serez mis à la porte comme un fripon. Tais-toi si tu es sage.

ARI . Ou est ma fille?

TIM . Elle est partie, Madame. Je lui ai proposé mon bras, qu'elle a refusé d'accepter.

ARI . Princes, puisque dans votre amour pour Ériphyle vous avez consenti à vous soumettre aux lois que je vous avais imposées, puisqu'il m'a été possible d'obtenir que vous soyez rivaux sans être ennemis, et cela, dans une entière soumission aux désirs de ma fille. sentiments, vous attendez son choix, parlez-moi ouvertement et dites-moi quels progrès vous pensez chacun avoir fait sur son cœur.

TIM . Madame, je ne veux pas me flatter ; mais j'ai fait tout ce que j'ai pu pour toucher le cœur de la princesse Ériphyle . Je n'ai négligé aucun des moyens tendres qu'un amant doit adopter. Je lui ai offert l'humble hommage de mon grand amour, j'ai été assidu auprès d'elle, je l'ai soigné quotidiennement. J'ai fait chanter mon amour par les voix les plus touchantes, et l'exprimer en vers par les plumes les plus habiles . Je me suis plaint avec passion de mes souffrances. Mes yeux, ainsi que mes paroles, lui ont raconté mon désespoir et mon amour. J'ai déposé mon amour à ses pieds ; J'ai même eu recours aux larmes, mais en vain, et je n'ai pas vu que dans son âme elle était en aucune façon touchée par mon amour.

ARI . Et toi, Prince ?

IPH . Pour ma part, Madame, connaissant son indifférence et le peu de prix qu'elle attache aux hommages qu'on lui rend, je n'avais pas l'intention de gaspiller sur elle ni soupirs ni larmes. Je sais qu'elle est entièrement soumise à vos désirs, et que c'est de vous seul qu'elle acceptera un mari ; c'est donc à vous seul que je puis adresser mes vœux pour sa main, à vous plutôt qu'à elle que j'offre mes hommages et mes attentions. Plût au ciel, Madame, que vous puissiez vous résoudre à prendre sa place, jouir des conquêtes que vous faites pour elle et recevoir pour vous les affections que vous lui portez !

ARI . Prince, le compliment vient d'un amant rusé. Vous avez entendu dire qu'il faut flatter les mères pour obtenir d'elles des filles ; mais ici cependant cela sera inutile, car j'ai résolu de laisser ma fille entièrement libre dans son choix, et de ne contrarier en aucune manière son inclination.

IPH . Si libre que vous la laissiez dans son choix, ce que je vous dis n'est pas une flatterie, Madame. Je ne courtise la princesse Ériphyle que parce qu'elle est votre fille, et je la trouve charmante dans ce qu'elle hérite de vous ; et c'est toi que j'adore en elle.

ARI . C'est très joli.

IPH . Oui, Madame, toute la terre voit en vous des charmes et des attraits...

ARI . Ah ! Prince, je vous prie, laissons ces charmes et ces attraits ; vous savez que ce sont des mots que je bannis des compliments qu'on me fait. Je peux supporter qu'on me loue pour ma sincérité, qu'on me traite de bonne princesse, car il est vrai que j'ai un mot gentil pour tout le monde, de l'amour pour mes amis et de l'estime pour le mérite et la vertu ; oui, je peux profiter de tout cela ; mais quant à vos charmes et à vos attraits, j'aime mieux n'y être pour rien, et quelque vrai qu'il puisse y avoir en eux, on doit se faire scrupule de vouloir être loué quand on est mère d'une fille comme la mienne.

IPH . Ah ! Madame. C'est vous seule qui rappellerez à tout le monde que vous êtes une mère ; tout le monde s'y oppose, et il dépend entièrement de vous de passer pour la sœur de la princesse Ériphyle .

ARI . Croyez-moi, Prince, je n'aime pas toutes ces vaines bêtises, alors bienvenue à trop de femmes, je souhaite être mère, parce que je le suis, et ce serait en vain de souhaiter l'être autrement. Ce titre n'a rien qui me blesse, puisque je l'ai reçu de mon propre consentement. C'est une faiblesse de notre sexe, d'où, Dieu merci ! Je suis libre, et je ne m'embarrasse pas de ces grandes discussions sur les âges sur lesquelles il y a tant de folies. Reprenons ce que nous disions. Est-il possible que jusqu'à présent vous n'ayez pas pu découvrir les sentiments de ma fille ?

IPH . Ils sont un secret pour moi.

TIM . Et pour moi un mystère impénétrable.

ARI . La pudeur peut l'empêcher de s'expliquer soit avec vous, soit avec moi. Utilisons une autre pour essayer de découvrir ce qu'elle ressent. Sostratus , prends sur toi ce message pour moi, et oblige ces princes en essayant adroitement de découvrir vers lequel des deux penche le sentiment de ma fille.

SOS . Madame, vous avez dans votre cour un grand nombre de personnes plus qualifiées que moi pour une mission aussi délicate, et je me sens peu apte à faire ce que vous me demandez.

ARI . Votre mérite, Sostratus , ne se limite pas aux seules affaires de guerre. Vous avez de l'intelligence, du tact et de l'habileté, et ma fille vous estime beaucoup.

SOS . Un autre meilleur que moi, Madame....

ARI . Non, non, c'est en vain que tu t'excuses.

SOS . Puisque c'est votre souhait, Madame, je dois obéir ; mais je vous assure qu'il n'y a pas une personne dans toute votre cour qui serait moins qualifiée que moi pour une pareille commission.

ARI . Vous êtes trop modeste et vous vous acquitterez toujours bien de tout ce qui vous sera confié. Sondez doucement ma fille sur ses sentiments, et rappelez-lui qu'elle doit être de bonne heure au bois de Diane.

## SCÈNE III.—— IPHICRATE, TIMOCLES, SOSTRATUS, CLITIDAS.

IPH . ( *à* SOSTRATE ). Je vous assure que je me réjouis de vous voir tenu en tant d'estime auprès de la princesse.

TIM . ( *à* SOSTRATE ). Je vous assure que je suis ravi que le choix se soit porté sur vous.

IPH . Vous avez désormais le pouvoir de servir vos amis.

TIM . Vous serez en mesure de rendre de bons services à ceux que vous estimez.

IPH . Je ne vous confie pas mes intérêts.

TIM . Je ne vous demande pas de parler pour moi.

SOS . Mes Seigneurs, tout cela est inutile. J'aurais tort d'aller au-delà de mes ordres, et vous m'excuserez si je ne parle ni pour l'un ni pour l'autre.

IPH . Je vous laisse faire ce que vous voulez.

TIM . Faites exactement ce que vous pensez être le mieux.

## SCÈNE IV.—— IPHICRATE, TIMOCLES, CLITIDAS.

IPH . ( *à part pour* CLITIDAS ). Eh bien, Clitidas , souviens-toi qu'il est un de mes amis. J'espère qu'il fera encore valoir mes intérêts auprès de la princesse contre ceux de mon rival.

CLI . ( *à part pour* IPHICRATE ). Vous pouvez me faire confiance. Il y a une grande différence entre vous et lui. C'est vraiment un bon prince de discuter cela avec vous.

IPH . ( *à part pour* CLITIDAS ). Je n'oublierai pas un tel service.

## SCÈNE V. ——TIMOCLES, CLITIDAS.

TIM . Mon rival fait sa cour à Clitidas ; mais Clitidas sait qu'il a promis de m'aider dans mon amour contre lui.

CLI . Certainement. Comme c'est absurde de penser à porter préjudice à vous. Un brave gentleman, en effet, comparable à vous !

TIM . Il n'y a rien que je ne puisse faire pour Clitidas .

CLI . ( *seul* ). Que de belles paroles de toutes parts ! Mais voici la princesse ; nous profiterons de l'occasion pour lui parler.

## SCÈNE VI.—— ERIPHYLE, CLÉONICE.

CLÉON . On trouvera étrange, Madame, que vous vous éloigniez de tout le monde.

ÉRI . Ah ! à des personnes comme nous, toujours entourées de tant de gens indifférents, comme la solitude est douce ! Comme il est doux de se retrouver seul pour communier avec ses pensées quand on a dû supporter tant de conversations insignifiantes. Laissez-moi marcher quelques instants seul.

CLÉON . N'aimeriez-vous pas voir un instant ce que peuvent faire ces personnes merveilleuses, désireuses de vous servir ? Il semble que par leurs pas et leurs gestes, ils puissent tout exprimer à l'œil. On les appelle des pantomimistes. J'ai eu peur de prononcer ce mot devant vous, et il y en a dans votre cour qui ne me pardonneraient pas de l'employer.

ÉRI . Vous me semblez proposer un divertissement étrange ; car vous ne manquez jamais d'introduire indifféremment tout ce qui se présente à vous, et vous êtes bien accueilli pour tout. C'est donc vers vous seul que nous voyons toutes les Muses nécessaires avoir recours. Vous êtes la grande patronne de tout mérite dans la détresse, et tous les indigents vertueux frappent à votre porte.

CLÉON . Si vous ne voulez pas les voir, Madame, vous n'avez qu'à le dire.

ÉRI . Non non; voyons-les. Amenez-les ici.

CLÉON . Mais, Madame, leur danse est peut-être mauvaise.

ÉRI . Mauvais ou pas, voyons cela. Ce ne serait que retarder l'affaire avec vous. C'est tout aussi bien d'en finir.

CLÉON . Aujourd'hui, ce ne sera qu'une danse ordinaire, Madame. Une autre fois ...

ÉRI . N'en parlons plus, Cléonice . Laissez-les danser.

## DEUXIÈME INTERMÈDE.

*La confidente des jeunes* PRINCESSE *appelle trois danseurs sous le nom de pantomimistes ; c'est-à-dire des hommes qui expriment toutes sortes de choses par leurs mouvements. Le* PRINCESSE *les voit danser et les reçoit à son service.*

# ACTE II.

## SCÈNE I.——ÉRIPHYLE, CLÉONICE.

ÉRI . C'est admirable ! Je ne pense pas qu'une danse puisse jamais être meilleure ; et je suis heureux de les avoir à moi.

CLÉON . Et je suis très heureux, Madame, que vous voyiez que mon goût n'est pas si mauvais que vous le pensiez.

ÉRI . Ne soyez pas si triomphant. Vous ne tarderez pas à me venger. Laissez-moi tranquille ici.

## SCÈNE II.—— ÉRIPHYLE, CLÉONICE, CLITIDAS.

CLÉON . ( *je vais rencontrer* CLITIDAS ). Je te préviens, Clitidas , que la princesse souhaite être seule.

CLI . Laisse moi ça. Je comprends l'étiquette de la cour.

## SCÈNE III.—— ÉRIPHYLE, CLITIDAS.

CLI . ( *en chantant* ). La, la, la, la. ( *Affectant la surprise en voyant* ÉRIPHYLE .) Ah !

ÉRI . ( *à* CLITIDAS , *qui affecte de s'en aller* ). Clitidas !

CLI . Je ne vous ai pas vu, Madame.

ÉRI . Viens plus près. Où étais-tu?

CLI . Avec la princesse ta mère, qui se dirigeait justement vers le temple d'Apollon, accompagnée d'un grand nombre de monde.

ÉRI . Ne pensez-vous pas que c'est l'un des endroits les plus charmants au monde ?

CLI . Certainement. Les deux princes, vos amants, étaient là.

ÉRI . Le fleuve Pénée offre ici les méandres les plus charmants.

CLI . Très charmant. Sostratus était là aussi.

ÉRI . Comment se fait-il qu'il n'était pas parmi nous aujourd'hui ?

CLI . Il a quelque chose en tête qui l'empêche de prendre du plaisir à tous ces beaux divertissements. Il voulait me dire quelque chose ; mais vous m'avez si expressément défendu d'intercéder pour qui que ce soit auprès de vous, que je ne voulais pas l'entendre, et je lui ai dit catégoriquement que je n'avais pas le loisir.

ÉRI . Vous avez eu tort de lui dire une chose pareille et vous auriez dû l'entendre.

CLI . Je lui dis d'abord que je n'avais pas le loisir de l'entendre ; mais ensuite j'ai écouté ce qu'il avait à dire.

ÉRI . Tu as bien fait.

CLI . En fait, c'est un homme selon mon cœur ; un homme avec toutes les manières et qualités que j'aimerais voir chez tous les hommes. Il n'assume jamais des manières bruyantes et des tons de voix provocateurs, mais il est prudent et prudent en tout. Il ne parle jamais que de façon précise, n'est jamais hâtif dans ses décisions, n'est jamais agaçant par ses exagérations. Si beaux que soient les vers que lui répètent nos poètes, je ne l'ai jamais entendu dire : « Ceci est plus beau que tout ce qu'Homère a jamais écrit. » Bref, c'est un homme à mon goût ; et si j'étais une princesse, je ne le verrais pas malheureux.

ÉRI . C'est évidemment un homme de grand mérite ; mais qu'avait-il à vous dire ?

CLI . Il m'a demandé si vous étiez très content des divertissements royaux qui vous sont offerts. Il parlait de votre personne avec les plus grands transports de joie, vous exaltait vers le ciel, et vous faisait tous les éloges qu'on pouvait faire à la princesse la plus accomplie du monde, et avec tout cela poussant de nombreux soupirs qui m'en disaient plus que lui. pensée. Enfin, à force de l'interroger de toutes sortes de manières et de le presser de me dire la cause de sa mélancolie, qui est remarquée par tout le monde à la cour, il fut forcé d'avouer qu'il était amoureux.

ÉRI . Comment, en amour ? De quelle audace s'agit-il ? Je ne le reverrai plus jamais.

CLI . De quoi êtes-vous offensée, Madame ?

ÉRI . Avoir l'audace de m'aimer, et surtout d'oser le dire !

CLI . Ce n'est pas de vous qu'il est amoureux, Madame.

ÉRI . Pas avec moi?

CLI . Non; il a trop de respect pour vous et il est trop sage pour faire une chose pareille.

ÉRI . Avec qui donc Clitidas ?

CLI . Avec une de vos demoiselles d' honneur , la jeune Arsinoë .

ÉRI . Est-elle si belle qu'il ne puisse penser qu'elle soit digne de son amour ?

CLI . Il l'aime jusqu'à la folie et vous supplie d' honorer son amour de votre protection.

ÉRI . Moi!

CLI . Non, non, Madame ; Je vois que cela vous offense. Votre colère m'a forcé à user de ce subterfuge ; et, à vrai dire, c'est vous qu'il aime à la folie.

ÉRI . Vous êtes un coquin insolent pour venir ainsi sonder mes sentiments. Hors de ma vue en ce moment ! Faites-vous semblant de lire dans les pensées des gens et de pénétrer dans les secrets du cœur d'une princesse ? Loin avec vous; que je ne revoie plus jamais ton visage... Clitidas !

CLI . Madame.

ÉRI . Venez ici. Je te pardonne cette affaire.

CLI . Vous êtes trop gentille, Madame.

ÉRI . Mais à condition, attention à ce que je dis, de n'en parler à personne, au péril de votre vie.

CLI . Assez.

ÉRI . Alors Sostratus t'a dit qu'il m'aimait ?

CLI . Non, Madame ; Je dois maintenant vous dire toute la vérité. J'ai reçu de lui par surprise un secret qu'il voulait cacher au monde entier, et qu'il disait vouloir mourir avec lui. Il était au désespoir lorsque je le lui arrachai subtilement ; et, loin de me demander de vous en parler, il m'a supplié avec les prières les plus ferventes de ne jamais rien vous révéler ; et j'ai commis une trahison contre lui en vous disant ce que j'ai dit.

ÉRI . J'en suis content. C'est par son respect seulement qu'il peut me plaire ; et s'il avait l'audace de me parler de son amour, il perdrait à jamais ma présence et mon estime.

CLI . N'ayez crainte, Madame...

ÉRI . Il est la. Rappelez-vous, si vous êtes sage, ce que je vous ai interdit.

CLI . Certainement Madame; Je ne veux pas être un courtisan indiscret.

## SCÈNE IV.—— ÉRIPHYLE, SOSTRATUS.

SOS . J'ai une excuse, Madame, pour oser troubler votre solitude. J'ai reçu de la princesse votre mère une mission qui autorise la démarche audacieuse que je fais maintenant.

ÉRI . De quelle mission s'agit-il, Sostratus ?

SOS . Pour essayer, pour apprendre de vous, Madame, vers lequel des deux princes penche votre cœur ?

ÉRI . La princesse ma mère fait preuve d'un esprit judicieux en vous choisissant pour un tel message. Cette mission vous est sans doute très agréable, Sostratus , et vous avez dû l'accepter avec une grande joie ?

SOS . Je l'ai accepté, Madame, parce que mon devoir m'oblige à obéir ; et si la princesse avait bien écouté mes excuses, elle en aurait nommé un autre pour cette tâche.

ÉRI . Quelle raison aurais-tu pu avoir, Sostratus , pour refuser cette proposition ?

SOS . La peur de ne pas bien m'en acquitter.

ÉRI . Pensez-vous que je n'ai pas assez d'estime pour vous pour vous ouvrir mon cœur et vous dire tout ce que vous désirez savoir de moi sur les deux princes ?

SOS . En ce qui me concerne, Madame, je n'ai aucune envie de savoir quoi que ce soit ; Je vous demande seulement ce que vous pensez pouvoir dire en réponse aux ordres qui m'amènent ici.

ÉRI . Jusqu'à présent je n'ai eu aucune envie de m'expliquer, et la princesse ma mère m'a bien voulu permettre de différer le choix qui doit m'engager. Mais je serais heureux de montrer à tout le monde que je suis prêt à faire quelque chose pour vous ; et si vous insistez, je pourrai vous rendre ce verdict tant attendu.

SOS . Je ne vous importunerai pas, Madame, et n'exhorterai pas une princesse qui sait bien ce qu'elle a à faire.

ÉRI . C'est pourtant ce que la princesse ma mère attend de toi.

SOS . Je lui ai dit que j'étais sûr de m'acquitter mais mal de mon message.

ÉRI . Eh bien, dis-moi, Sostratus ; vous avez les yeux clairvoyants, et je crois qu'il y a peu de choses qui vous échappent. N'avez-vous pas pu découvrir ce que tout le monde désire savoir ? N'avez-vous aucune idée de l'inclination de mon cœur ? Vous voyez toutes les attentions qu'on me porte, tous les hommages qu'on me rend. Lequel de ces deux princes pensez-vous que je regarde d'un œil le plus favorable ?

SOS . Les conjectures que nous faisons sur de telles questions proviennent généralement du plus ou moins d'intérêt que nous y prêtons.

ÉRI . Lequel préfères-tu des deux, Sostratus ? Dis-moi lequel tu voudrais que j'épouse ?

SOS . Ah ! Madame! c'est votre inclination, et non mes souhaits, qui doit décider de la question.

ÉRI . Mais si je souhaitais vous consulter dans ce choix ?

SOS . Si vous me consultiez, je serais très perplexe.

ÉRI . Vous ne pourriez pas me dire lequel des deux vous semble le plus digne de préférence ?

SOS . Si je devais être juge, je ne trouverais personne digne de cet honneur . Tous les princes du monde seraient trop mesquins pour aspirer à vous ; les dieux seuls peuvent prétendre à vous, et vous ne voudriez des hommes que de l'encens et des sacrifices.

ÉRI . C'est très gentil et je t'estime mon ami. Mais il faut que vous me disiez pour lequel des deux vous avez le plus de penchant, et lequel est celui que vous considérez comme votre ami ?

## SCÈNE V.——ÉRIPHYLE, SOSTRATUS, CHORŒBUS.

CHO . Madame, la princesse vient vous chercher pour vous rendre au bois de Diane.

SOS . ( *à part* ). Hélas! avec quelle saison vous êtes arrivé.

## SCÈNE VI.—— ARISTIONE, ERIPHYLE, IPHICRATES, TIMOCLES, SOSTRATUS, ANAXARCHUS, CLITIDAS.

ARI . On te demande, ma fille, et il y en a qui souffrent beaucoup de ton absence.

ÉRI . Il me semble, Madame, qu'on ne demande de mes nouvelles que par compliment, et que personne n'est aussi peiné que vous le dites.

ARI . Il y a tant de divertissements faits pour vous que tout notre temps est occupé, et nous n'avons pas un instant à perdre si nous voulons tous les voir. Entrons tout de suite dans le bois et voyons ce qui nous y attend. C'est le plus bel endroit du monde. Prenons nos places rapidement.

## TROISIÈME INTERMÈDE.

*La scène représente une forêt où le* PRINCESSE *a été invité à y aller. Une Nymphe fait les honneurs en chantant ; et pour amuser les* PRINCESSE , *on joue une petite comédie musicale dont le sujet est le suivant : — Un berger se plaint à deux autres bergers, ses amis, de la froideur de celle qu'il aime ; les deux amis le réconfortent ; à ce moment apparaît la bergère bien-aimée, et tous trois se retirent pour l'observer. Après un chant d'amour plaintif, elle s'allonge sur le gazon et s'abandonne à un doux sommeil. L'amant fait approcher ses deux amis pour contempler la beauté de sa bergère, et invoque tout pour contribuer à son repos. La bergère, au réveil, voit son éducateur à ses pieds, se plaint de sa persécution ; mais, compte tenu de sa constance, elle lui accorde son souhait et consent à être aimée de lui, en présence de ses deux amis. Les satyres arrivent, lui reprochent sa monnaie et, affligés de la disgrâce dans laquelle ils sont tombés, cherchent du réconfort dans le vin.*

**CLIMÈNE , PHILINTE .**

PHILINTE .

Il fut un temps où je te plaisais bien,
content de vivre et d'aimer le sort; je n'avais pas changé pour Dieu ou
le trône. J'avais seul l'emprise sur toi.

CLIMATÈNE .

Ainsi, quand sous l'influence d'une douce passion,
tu m'as tenue plus chère que toute jeune fille, j'aurais méprisé la couronne
royale si pour moi encore ton cœur avait brûlé.

PHILINTE .

La foi d'un autre a guéri la blessure
que j'ai soignée pour toi dans ma poitrine.

CLIMATÈNE .

L'amour d'un autre pour moi a trouvé
la vengeance que je cherchais et un bon repos.

PHILINTE .

Chloris la belle et vraie passion règne,
Pour moi elle verse son âme en soupirs, Et je fermerais volontiers mes jours Si ainsi ses beaux yeux le demandaient.

CLIMATÈNE .

Myrtille , la fleur des cœurs juvéniles,
Il m'aime vraiment plus que la lumière ; Et moi, pour prouver le puissant pouvoir de l'amour, Content, je passerais dans la nuit sans fin.

PHILINTE .

Mais si le doux rayon de notre passion
Une étincelle persistante s'allumait de nouveau, Et expulsait aujourd'hui de mon cœur Chloris la belle, ton amour à poursuivre ?

CLIMATÈNE .

Bien que Myrtil m'aime vraiment,
Bien que constant à soupirer, Pourtant, je l'avoue, avec toi je vivrais et mourrais volontiers.

LES DEUX ( *ensemble* ).

«Au milieu de l'amour, laissez-nous donc plus que jamais fuir
les heures persistantes et posséder un lien si doux.

BALLET, DIVERTISSEMENT, ETC.

# ACTE III.

## ARISTIONE, IPHICRATES, TIMOCLES, ERIPHYLE, ANAXARCHUS, SOSTRATUS, CLITIDAS.

ARI . Il faut toujours répéter les mêmes mots. Il faut toujours s'exclamer : c'est admirable ! Merveilleux! C'est au-delà de tout ce qu'on a jamais vu.

TIM . Vous faites trop d'éloges sur ces bagatelles, Madame.

ARI . De telles bagatelles peuvent agréablement occuper les pensées des gens les plus sérieux. En effet, ma fille, vous avez raison d'être reconnaissante envers ces princes, et vous ne pourrez jamais rembourser tous les soins qu'ils se donnent pour vous.

ÉRI . Je vous en suis profondément reconnaissant, Madame.

ARI . Et pourtant vous les faites languir longtemps pour ce qu'ils attendent de vous. J'ai promis de ne pas vous contraindre ; mais leur amour réclame de vous une déclaration selon laquelle vous ne devez pas différer plus longtemps la récompense de leurs attentions. J'avais demandé à Sostratus de sonder votre cœur, mais je ne sais s'il a commencé à s'acquitter de sa commission.

ÉRI . Oui, Madame, il l'a fait. Mais il me semble que je ne peux trop différer la décision qui m'est demandée, et que je ne pourrais la donner sans encourir quelque blâme. Je suis également reconnaissant de l'amour, des attentions et des hommages de ces deux princes, et je trouve que c'est une grande injustice de me montrer ingrat soit à l'un, soit à l'autre, par le refus que je dois faire à l'un de préférence à son rival.

IPH . Il faudrait appeler cela, Madame, une bien jolie manière de nous refuser tous deux.

ARI . Ce scrupule, ma fille, ne doit pas vous arrêter ; et ces deux princes sont tous deux d'accord depuis longtemps pour se soumettre à la préférence que vous témoignez.

ÉRI . Nos inclinations nous trompent facilement, Madame, et les cœurs désintéressés sont plus à même de faire le bon choix.

ARI . Vous savez que j'ai pris ma parole pour ne donner aucune opinion sur cette question, et vous ne pouvez pas faire un mauvais choix quand vous avez à choisir entre ces deux princes.

ÉRI . Afin de ne faire violence ni à votre promesse ni à mes scrupules, Madame, acceptez, je vous prie, ce que je vous proposerai.

ARI . Et qu'est-ce que c'est, ma fille ?

ÉRI . Je voudrais que Sostratus décide à ma place. Vous l'avez choisi pour tenter de découvrir le secret de mon cœur ; permettez-moi de le choisir pour mettre fin à la perplexité dans laquelle je me trouve.

ARI . J'ai une telle estime pour Sostratus que, soit que vous vouliez l'employer à expliquer vos sentiments, soit que vous lui laissiez entièrement décider à votre place, j'accepte de tout cœur cette proposition.

IPH . Ce qui veut dire, Madame, que nous devons faire notre cour à Sostratus .

SOS . Non, mon Seigneur, vous n'aurez pas de tribunal à me rendre ; et avec tout le respect dû aux princesses, je refuse la gloire à laquelle elles voudraient m'élever.

ARI . Comment ça, Sostratus ?

SOS . J'ai des raisons, Madame, qui ne me permettent pas d'accepter l' honneur que vous me feriez.

IPH . As-tu peur, Sostratus , de te faire un ennemi ?

SOS . Je n'aurais que peu de crainte des ennemis que je pourrais me faire en obéissant à la volonté de mes souverains.

TIM . Pourquoi donc refusez-vous d'accepter le pouvoir qui vous est confié, et de vous acquérir l'amitié d'un prince qui vous devrait tout son bonheur ?

SOS . Parce qu'il n'est pas en mon pouvoir d'accorder à ce prince ce qu'il voudrait de moi.

IPH . Quelle raison peux-tu avoir ?

SOS . Pourquoi insistez-vous autant là-dessus ? Peut-être ai-je, mon Seigneur, quelque intérêt secret opposé aux prétentions de votre amour. Peut-être ai-je un ami qui brûle d'une flamme respectueuse pour les charmes divins dont vous êtes amoureux. Peut-être cet ami me fait-il le confident quotidien de ses souffrances, qu'il se plaint auprès de moi de la rigueur de son sort, et considère le mariage de la princesse comme la sentence terrible qui doit l'envoyer au tombeau. S'il en était ainsi, mon Seigneur, serait-il juste qu'il reçoive de mes mains sa blessure mortelle ?

IPH . Vous me semblez, Sostratus , très probablement cet ami dont vous avez tant à cœur les intérêts.

SOS . Je vous en supplie, mon Seigneur, ne me rendez pas d'odieuses personnes qui vous entendent. Je sais ce que je suis, et les malheureux comme moi n'ignorent pas les limites que la fortune a assignées à leurs désirs.

ARI . Laissons de côté ce sujet ; nous trouverons le moyen de vaincre l'irrésolution de ma fille.

ANA . Y a-t-il un meilleur moyen d'arriver à une conclusion qui satisfasse tout le monde que de consulter la lumière que le ciel peut nous donner sur ce mariage ? J'ai déjà commencé, comme je vous l'ai dit, à fondre les figures mystérieuses que notre art nous enseigne ; et j'espère bientôt pouvoir vous montrer ce que l'avenir nous réserve concernant cette union tant désirée . Après cela, qui peut encore hésiter ? La gloire ou la prospérité qui seront promises à l'un ou à l'autre ne seront-elles pas un choix suffisant pour en décider, et celui qui est rejeté ne peut-il pas s'offenser lorsque le ciel lui-même décide qui doit être préféré ?

IPH . Pour ma part, je m'y soumets entièrement, et je déclare que cette voie me semble la plus raisonnable.

TIM . Je suis entièrement du même avis, et quoi que le ciel en décide, je m'y soumets sans répugnance.

ÉRI . Mais, mon seigneur Anaxarchus , lisez-vous vraiment si clairement le destin que vous ne puissiez jamais vous tromper ? Et je vous prie, qui nous garantira cette prospérité, cette gloire que, dites-vous, le ciel nous promet ?

ARI . Ma fille, tu as un peu d'incrédulité qui ne te quitte jamais.

ANA . Les preuves, Madame, que tout le monde a vues, de l'infaillibilité de mes prédictions sont une garantie suffisante pour les promesses que je fais. Mais enfin, quand je vous aurai montré ce que le ciel vous réserve, vous pourrez agir comme bon vous semble et choisir l'une ou l'autre destinée.

ÉRI . Le ciel, dites-vous, Anaxarque , me montrera-t-il la bonne ou la mauvaise destinée qui m'est réservée ?

ANA . Oui madame; la félicité dont vous serez béni si vous épousez l'un, et la misère qui vous accompagnera si vous épousez l'autre.

ÉRI . Mais comme il m'est impossible de les épouser tous les deux à la fois, il semble que nous trouvions écrit dans le ciel non seulement ce qui doit arriver, mais aussi ce qui ne doit pas arriver.

CLI . ( *à part* ). Voici un casse-tête pour notre astrologue !

ANA . Il faudrait que je vous fasse, Madame, une longue dissertation sur les principes de l'astrologie pour vous faire comprendre cela.

CLI . Bien répondu. Je n'ai aucun mal, Madame, à dire de l'astrologie ; l'astrologie est une bonne chose. Monseigneur Anaxarchus est un grand homme.

IPH . La vérité de l'astrologie est un fait incontestable, et personne ne peut contester la certitude de ses prédictions.

CLI . Certainement pas.

TIM . Je suis assez incrédule en beaucoup de choses, mais en matière d'astrologie, il n'y a rien de plus sûr ni de plus constant que la certitude des horoscopes qu'elle dessine.

CLI . Les choses sont aussi claires que la lumière du jour.

IPH . Il se produit chaque jour une centaine d'accidents qui convainquent les plus grands incroyants.

CLI . Plutôt vrai.

TIM . Qui pourrait contredire les nombreux incidents célèbres qui nous sont relatés dans les livres ?

CLI . Seules les personnes dénuées de bon sens peuvent le faire ; comment peut-on douter de ce qui est imprimé ?

ARI . Sostratus n'a pas encore dit un mot. Quel est votre avis sur le sujet?

SOS . Madame, tous les esprits ne sont pas doués des qualités nécessaires que requiert la délicatesse de ces belles sciences dites abstruses. Il y en a qui sont si matériels qu'ils ne peuvent pas concevoir ce que d'autres comprennent le plus facilement. Il n'y a rien de plus agréable, Madame, que toutes les grandes promesses de ces sciences sublimes. Pour tout transformer en or ; faire vivre les gens éternellement ; guérir avec des mots; se faire aimer de qui bon nous semble ; connaître tous les secrets du futur ; faire descendre du ciel, selon sa volonté, sur des métaux, des impressions de bonheur ; commander aux démons, lever des armées invisibles et des soldats invulnérables, tout cela est délicieux, sans doute ; et il y a des gens qui n'éprouvent aucune difficulté à croire que tout cela est possible ; c'est la chose la plus facile à concevoir pour eux. Mais pour moi, je reconnais que mon esprit grossier et grossier peut à peine comprendre et refuse d'y croire ; qu'en fait, il pense que tout cela est trop beau pour être vrai. Tous ces beaux arguments de sympathie, de pouvoir magnétique et de vertu occulte sont si subtils et délicats qu'ils échappent à mon entendement matériel ; et, sans parler d'autre chose, il n'a jamais été en mon pouvoir de concevoir comment on peut trouver dans le ciel même les plus petits détails de la fortune du moindre des hommes. Quelle relation, quelle connexion, quelle réciprocité peut-il y avoir entre nous et des globes si infiniment éloignés de notre terre ?

Et comment, d'ailleurs, cette science sublime a-t-elle pu parvenir à l'homme ? Quel dieu l'a révélé ? ou quelle expérience peut avoir été formée de l'observation de cet immense nombre d'étoiles qui n'ont jamais encore été vues deux fois dans le même ordre ?

ANA . Il ne serait pas difficile de vous le faire concevoir.

SOS . Tu serais plus intelligent que tous les autres.

CLI . ( *à* SOSTRATE ). Il vous livrera une longue discussion sur tout cela quand bon vous semblera.

IPH . Si vous ne comprenez pas ces choses, vous pouvez au moins croire ce que l'on voit chaque jour.

SOS . Comme mon entendement est si grossier que je n'ai jamais pu rien comprendre, mes yeux aussi ont le malheur de n'avoir jamais rien vu à ce sujet.

IPH . Pour ma part, j'ai vu des choses tout à fait convaincantes.

TIM . Moi aussi.

SOS . Puisque vous avez vu, vous faites bien de croire ; et tes yeux doivent être faits différemment des miens.

IPH . Mais enfin, la princesse croit à l'astrologie ; et je pense que nous pourrions bien, à son exemple, y croire aussi. Diriez-vous que Madame n'a ni intelligence ni sens, Sostratus ?

SOS . Monseigneur, votre question est plutôt injuste. L'esprit de la princesse n'est pas une règle pour moi, et sa compréhension peut l'élever à une lumière que je ne peux pas atteindre, dans mon sens le plus bas.

ARI . Non, Sostratus ; Je ne vous dirai rien de beaucoup de choses auxquelles je n'accorde pas plus de crédit que vous ; mais quant à l'astrologie, on m'a dit et on m'a montré des choses si positives que je ne puis en douter.

SOS . Madame, je n'ai rien à répondre à cela.

ARI . Nous n'en dirons pas davantage ; laissez-nous un moment. Nous irons, ma fille et moi, vers cette belle grotte où j'ai promis d'aller. Ha! quelque chose de galant à chaque pas.

## QUATRIÈME INTERMÈDE.

*La scène représente une grotte, où le* LES PRINCESSES *allez faire une promenade. En y entrant, huit statues, portant chacune deux torches, descendent de leurs recoins et exécutent une danse variée de figures différentes et plusieurs belles attitudes dans lesquelles elles se mettent de temps en temps.*

BALLET.

# ACTE IV.

## SCÈNE I.——ARISTIONE, ERIPHYLE.

ARI . Rien de plus galant ni de mieux artificiel. Ma fille, j'ai voulu venir seule ici avec toi, afin que nous puissions avoir ensemble une petite causerie tranquille ; et j'espère que vous ne me cacherez en rien la vérité. N'avez-vous dans votre cœur aucune inclination secrète que vous ne vouliez me révéler ?

ÉRI . Moi, Madame ?

ARI . Parle ouvertement, ma fille ; ce que j'ai fait pour vous mérite bien que vous soyez franc et ouvert avec moi. Faire de toi l'unique objet de toutes mes pensées, te préférer à tout, fermer mes oreilles, dans la position où je me trouve, à toutes les propositions que cent princesses pourraient décemment écouter à ma place, tout cela devrait je vous dis que je suis une bonne mère, et que je ne suis pas susceptible de recevoir avec sévérité les confidences que votre cœur peut avoir à me faire.

ÉRI . Si j'avais assez mal suivi votre exemple pour avoir laissé entrer dans mon âme un penchant que j'avais raison de cacher, j'aurais assez de pouvoir sur moi-même pour imposer silence à un tel amour, et pour ne rien faire d'indigne de votre nom.

ARI . Non, non, ma fille ; J'aurais préféré que tu me dévoiles tes sentiments. Je n'ai pas limité votre choix aux deux princes ; vous pouvez l'étendre à qui bon vous semble ; le mérite est si élevé à mes yeux, que je le crois égal à n'importe quel rang ; et si vous me dites franchement comment ça se passe, vous me verrez souscrire sans répugnance au choix que vous avez fait.

ÉRI . Vous êtes si bon et si indulgent envers moi que je ne vous en serai jamais assez reconnaissant ; mais je ne mettrai pas à l'épreuve votre bonté sur un pareil sujet, et tout ce que je vous demande, c'est de me permettre de ne pas précipiter un mariage dont je ne suis pas encore décidé.

ARI . Jusqu'à présent, j'ai tout laissé à votre décision ; et l'impatience des princes vos amants.... Mais que signifie ce bruit ? Ah ! ma fille, de quel spectacle s'agit-il ? Une divinité descend ; c'est la déesse Vénus qui semble sur le point de nous parler.

## SCÈNE II.—— VÉNUS ( *en l'air, accompagnée de quatre* AMOURS), ARISTIONE, ERIPHYLE.

VÉN . ( *à* ARISTION ). Princesse, en vous brille un glorieux exemple que les immortels entendent récompenser ; et pour que vous ayez un gendre grand et heureux, ils vous guideront dans le choix que vous devrez faire. Ils annoncent par ma voix la grande et glorieuse renommée qui viendra chez vous par ce choix. Mettez donc fin à vos perplexités, et confiez votre fille à celui qui vous sauvera la vie.

## SCÈNE III.—— ARISTIONE, ERIPHYLE.

ARI . Ma fille, les dieux ont imposé le silence sur toutes nos disputes. Après cela, il ne nous reste plus qu'à attendre ce qu'ils veulent nous donner ; et nous avons clairement entendu quelle est leur volonté. Allons au temple le plus proche pour les assurer de notre obéissance et leur rendre grâce de leur bonté.

## SCÈNE IV.—— ANAXARCHUS, CLÉON.

CLÉ . La princesse s'en va ; tu ne veux pas lui parler ?

ANA . Non; attendons que sa fille la quitte. J'ai peur d'elle ; elle ne se laissera jamais conduire comme sa mère. Bref, mon fils, comme nous venons de pouvoir en juger à travers cette ouverture, notre stratagème a réussi. Notre Vénus a fait des merveilles, et l'admirable ingénieur qui a conçu cette machinerie a si bien disposé tout, si adroitement découpé le sol de sa grotte, si bien caché ses fils et ses ressorts, si bien réglé ses lumières et habillé ses personnages, que peu de gens auraient pu éviter d'être trompés ; et comme la princesse Aristione est extrêmement superstitieuse, il n'y a aucun doute qu'elle croit pleinement à cette tromperie. J'ai mis longtemps à préparer cette machine, mon fils, et maintenant j'ai presque atteint le but de mon ambition.

CLÉ . Mais pour lequel des deux princes avez-vous inventé cette astuce ?

ANA . Tous deux ont sollicité mon aide, et je leur ai promis l'influence de mon art. Mais les présents du prince Iphicrate et les promesses qu'il a faites dépassent de loin tout ce que l'autre pouvait faire. C'est donc Iphicrate qui profitera de tout ce que je pourrai inventer, et comme son ambition me devra tout, notre avenir est assuré. J'irai prendre mon temps pour confirmer la princesse dans son erreur, et, pour mieux la prémunir, lui montrer adroitement l'accord des paroles de Vénus avec les prédictions des signes célestes que je lui ai dit avoir fait. Qu'il vous appartienne d'aller faire cacher soigneusement nos six hommes dans leur barque derrière le rocher, et de leur faire attendre tranquillement le moment où la princesse viendra seule le soir pour sa promenade habituelle. Alors ils doivent tout à coup l'attaquer comme des pirates, afin de donner l'occasion au prince Iphicrate de se précipiter à son secours, et de lui apporter le secours qui doit remettre Ériphyle entre ses mains selon les paroles de Vénus. J'ai prévenu le prince, et, croyant à ma prédiction, il doit se tenir prêt dans ce petit bois qui longe le rivage. Mais quittons cette grotte. Je vous dirai au fur et à mesure tout ce qu'il est nécessaire que vous observiez attentivement. Voici la princesse Ériphyle ; évitons-la.

## SCÈNE V.——ERIPHYLE ( *seul* ).

Hélas! comme mon destin est dur ! Qu'ai-je fait aux dieux pour qu'ils s'intéressent à ce qui m'arrive ?

## SCÈNE VI.—— ERIPHYLE, CLÉONICE.

CLÉON . Le voici, Madame ; il m'a suivi dès qu'il a entendu vos ordres.

ÉRI . Qu'il vienne ici, Cléonice , et qu'il nous laisse tranquille un moment.

## SCÈNE VII.—— ÉRIPHYLE, SOSTRATUS.

ÉRI . Sostratus , tu m'aimes.

SOS . Moi, Madame ?

ÉRI . Oui, Sostratus , je le sais, je l'approuve et je te permets de me le dire. Votre amour m'est apparu accompagné de tous les mérites qui pouvaient me le rendre précieux. Sans le rang où le ciel m'a placé, je pourrais vous dire que votre amour n'aurait pas été malheureux, et j'ai souvent désiré une position dans laquelle je pourrais pleinement manifester les sentiments secrets de mon cœur . Ce n'est pas, Sostratus , que le mérite manque pour moi de toute la valeur qu'il doit avoir, et parce que, au fond de mon âme, je ne préfère pas les vertus que vous possédez à tous les titres magnifiques qui ornent les autres. La princesse ma mère m'a aussi, il est vrai, laissé libre dans mon choix, et je ne doute pas que j'aurais pu obtenir son consentement selon mon désir. Mais, Sostratus , il y a des moments dans la vie où il n'est pas juste de souhaiter que ce qui nous plaît se réalise. Il est pénible d'être au-dessus de tous les autres, et la lumière brûlante de la renommée nous fait souvent payer trop cher d'avoir cédé à notre inclination. Je ne pus donc jamais m'y exposer, et je crus que je différais simplement les liens qu'on me demandait de contracter. Mais enfin les dieux eux-mêmes me donneront un mari, et tous ces longs délais avec lesquels j'ai ajourné mon mariage, et que la bonté de la princesse ma mère a rendus possibles, ne me sont plus permis. Je dois me résigner à la volonté du ciel. Rassurez-vous, Sostratus , que c'est avec la plus grande répugnance que je consent à ce mariage, et que, si j'étais ma maîtresse, ou j'aurais été à vous, ou je n'aurais appartenu à personne. Voilà, Sostratus , ce que j'avais à te dire ; ce que je croyais devoir à votre mérite, et la seule consolation que ma tendresse puisse apporter à votre amour.

SOS . Ah ! Madame, c'en est trop pour quelqu'un d'aussi indigne que moi ! Je n'étais pas prêt à mourir avec une telle gloire, et à partir de ce moment je cesserai de me plaindre de mon sort. Si cela m'a fait naître dans un rang au-dessous de ce que j'aurais pu désirer, cela m'a fait naître assez heureux pour attirer quelque pitié du cœur d'une grande princesse, et cette glorieuse pitié vaut des sceptres et des couronnes ; vaut la puissance des plus grands princes de la terre. Oui, Madame, à partir du moment où j'ai osé vous aimer — c'est vous, Madame, qui me permettez d'employer ce mot audacieux —, à partir du moment où j'ai osé vous aimer, j'ai condamné l'orgueil de mes aspirations et j'ai décidé du sort. Je devrais m'y attendre. La mort ne me surprendra pas, car j'y suis préparé, mais votre bonté lui a jeté un honneur que mon amour n'a jamais osé espérer ; Je vais maintenant mourir le plus heureux et le plus chanceux des hommes. Si je puis encore espérer quelque chose, je vous demanderai à genoux deux faveurs : être prêt à supporter ma présence jusqu'à ce que cet heureux mariage qui doit mettre fin à ma vie ait lieu ; et au milieu de la gloire et des longues prospérités que le ciel promet à votre union, souvenez-vous parfois de Sostratus , qui vous aimait. Puis-je espérer ces faveurs , ô divine princesse ?

ÉRI . Va, Sostratus ; laisse-moi. Vous vous souciez peu de ma tranquillité d'esprit si vous me demandez de me souvenir de vous.

SOS . Ah, Madame, si votre tranquillité d'esprit...

ÉRI . Laisse-moi, Sostratus ; épargne ma faiblesse ; ne m'exposez pas à faire plus que ce que j'ai résolu.

## SCÈNE VIII.—— ERIPHYLE, CLÉONICE.

CLÉ . Madame, je vous vois bien mélancolique ; Permettez-vous à vos danseurs, qui expriment si bien toutes les passions de l'âme, de venir vous donner un échantillon de leur talent ?

ÉRI . Oui, Cléonice ; qu'ils fassent ce qu'ils veulent, pourvu qu'ils me laissent à mes pensées.

## CINQUIÈME INTERLUDE.

*Quatre pantomimistes, comme un échantillon de leur savoir-faire, adaptent leurs mouvements et leurs pas aux signes d'inquiétude des jeunes* PRINCESSE ÉRIPHYLE .

BALLET.

# ACTE V.

## SCÈNE I.——ÉRIPHYLE, CLITIDAS.

CLI . Où dois-je aller ? dans quelle direction dois-je me tourner ? Où puis-je trouver la princesse Ériphyle ? Ce n'est pas un mince plaisir d'être le premier à apporter des nouvelles. Ah ! elle est là! Madame, je viens vous dire que le ciel vient de vous donner l'époux qu'il vous réservait.

ÉRI . Hélas! laisse-moi, Clitidas , à mon triste chagrin.

CLI . Madame, je vous demande pardon, j'ai cru bien faire de venir vous dire que le ciel vous a donné Sostratus pour époux ; mais comme cela vous est désagréable, j'empocherai mes nouvelles, et je reviendrai comme je suis venu.

ÉRI . Clitidas ! Je dis : Clitidas !

CLI . Je vous laisse, Madame, à votre sombre mélancolie.

ÉRI . Restez, je vous le dis ; venez ici. Qu'est ce que tu dis?

CLI . Rien, Madame. On est parfois trop pressé de venir dire aux grands gens des choses qui ne les intéressent pas, et je vous prie de m'excuser.

ÉRI . Comme tu es cruel !

CLI . Une autre fois, je me garderai bien de venir vous interrompre.

ÉRI . Ne me tiens plus en haleine ; dis ce que tu es venu me dire.

CLI . Une chose insignifiante sur Sostratus , Madame, que je vous raconterai une autre fois, lorsque vous serez moins occupée.

ÉRI . Ne me laisse plus en haleine et donne-moi des nouvelles.

CLI . Vous souhaitez le savoir, Madame ?

ÉRI . Oui, soyez rapide. Qu'en est-il de Sostratus ?

CLI . Une merveilleuse aventure à laquelle personne ne s'attendait.

ÉRI . Dis-le-moi tout de suite.

CLI . Cela ne vous troublera-t-il pas, Madame, dans votre sombre mélancolie ?

ÉRI . Ah ! Parlez, dis-je.

CLI . Je dois donc vous dire, Madame, que la princesse votre mère parcourait presque seule la forêt par ces petits sentiers si agréables, lorsqu'un affreux sanglier, ces vilains sangliers font toujours du mal, et devraient être bannis des forêts civilisées . —quand un hideux sanglier, dis-je, poussé aux abois, je crois, par des chasseurs, traversa le chemin où nous étions. Je devrais peut-être orner mon récit d'une description élaborée de ce dit sanglier ; mais il faut essayer de s'en passer, s'il vous plaît, et être satisfait de savoir que c'était une brute terriblement laide. Il allait son chemin, et il eût mieux valu ne pas le déranger ; mais la princesse voulut montrer son habileté, et avec son dard, qu'elle lança, si je puis dire, un peu inopportunément, elle lui infligea une légère blessure juste au-dessus de l'oreille. Le sanglier mal élevé se tourna impertinemment vers nous. Nous étions alors deux ou trois misérables qui pâlirent d'effroi ; chacun gagna son arbre, et la princesse resta seule, exposée à la fureur de la bête, lorsque Sostratus apparut juste à temps, comme si les dieux mêmes l'avaient envoyé.

ÉRI . Et alors, Clitidas ?

CLI . Si ce récit vous ennuie, Madame, je peux remettre le reste à une autre occasion.

ÉRI . Finissez-en vite.

CLI . C'est en effet bientôt que je terminerai, car un grain de lâcheté m'a empêché de voir les détails de la lutte, et tout ce que je peux vous dire, c'est que, lorsque nous sommes revenus sur place, nous avons trouvé le sanglier mort et saignant, et la princesse pleine de joie, et proclamant Sostratus son libérateur et ton époux, selon les paroles prononcées par les dieux. Quand j'ai entendu cela, je ne me suis pas arrêté pour en entendre davantage, et j'ai couru à votre recherche pour vous apporter cette nouvelle.

ÉRI . Ah ! Clitidas , tu n'aurais jamais pu m'en offrir une plus bienvenue.

CLI . Oh! ici, ils viennent vous trouver.

## SCÈNE II.—— ARISTIONE, SOSTRATUS, ERIPHYLE, CLITIDAS.

ARI . Je m'aperçois, ma fille, que tu sais déjà tout ce que nous venons te dire. Vous voyez que les dieux se sont expliqués plus tôt que prévu. Le danger que je viens de courir nous a appris quelle était leur volonté, et il est aisé de voir que le choix vient d'eux, puisque le mérite seul brille dans le choix qu'ils ont fait. Vous répugnera-t-il de récompenser par le don de votre cœur celui à qui je dois la vie, et refuserez-vous d'accepter Sostratus pour époux ?

ÉRI . Tant des mains des dieux que des vôtres, Madame, je ne pourrais recevoir aucun présent qui me serait désagréable.

SOS . N'est-ce pas un rêve glorieux dont les dieux veulent me flatter ? Ne dois-je pas m'attendre à des réveils épouvantables qui me replongeront dans toute la bassesse de mon ancienne fortune ?

## SCÈNE III.—— ARISTIONE, ERIPHYLE, SOSTRATUS, CLEONICE, CLITIDAS.

CLÉON . Madame, je viens vous dire qu'Anaxarque avait jusqu'ici trompé les deux princes, dans l'espoir de favoriser le choix sur lequel leurs âmes étaient penchées ; et qu'en apprenant ce qui s'est passé, ils ont tous deux cédé à leur ressentiment contre lui, et les choses s'aggravant, il a reçu plusieurs blessures, dont il est impossible de dire ce qui peut arriver. Mais les voilà qui arrivent tous les deux.

## SCÈNE IV.—— ARISTIONE, ERIPHYLE, IPHICRATES, TIMOCLES, SOSTRATUS, CLÉONICE, CLITIDAS.

ARI . Princes, vous êtes très prompts à vous venger ; si Anaxarchus vous a offensé, j'étais là pour vous rendre justice.

IPH . Et quelle justice pouvez-vous nous rendre, Madame, quand vous faites si peu à notre rang dans le choix que vous avez fait ?

ARI . N'étiez-vous pas tous deux convenus de vous soumettre à ce que décideraient en cette matière l'ordre des dieux ou le penchant de ma fille ? et quelle importance peuvent avoir pour vous les intérêts d'un rival ?

TIM . Oui madame; nous étions prêts à nous soumettre à un choix entre le Prince Iphicrate et moi, mais pour ne pas nous sentir tous deux repoussés. Ce serait une certaine consolation de voir le choix tomber sur un pied d'égalité, mais votre aveuglement est quelque chose de terrible.

ARI . Prince, je ne veux pas me brouiller avec quelqu'un qui a eu la bonté de me louer tant ; et je vous prie, en toute sincérité, de fonder votre chagrin sur de meilleures bases. Essayez de vous rappeler, je vous prie, que le mérite de Sostratus est connu dans toute la Grèce, et que par le rang auquel les dieux l'élèvent aujourd'hui, la distance entre vous et lui disparaît.

IPH . Oui, nous nous en souviendrons, Madame. Mais peut-être serez-vous heureux aussi de vous rappeler que deux princes insultés peuvent être des ennemis à craindre.

TIM . Vous n'aurez peut-être pas longtemps à jouir du mépris dans lequel vous nous portez.

ARI . Je pardonne toutes ces menaces pour le chagrin d'un amour qui se croit insulté ; et nous n'en irons pas moins voir en toute paix les Jeux Pythiques. Allons-y tout de suite, et couronnons par le glorieux spectacle cette merveilleuse journée.

## SIXIÈME INTERLUDE.

*La scène représente une grande salle en forme d' amphithéâtre , avec à l'extrémité une grande arcade ouverte, au-dessus de laquelle se trouve une tribune fermée par un rideau, et au loin on aperçoit un autel préparé pour le sacrifice. Six hommes, habillés comme s'ils étaient presque nus, portant chacun une hache sur l'épaule, comme des bourreaux du sacrifice, entrent par le portique, au son des violons, et sont suivis de deux sacrificateurs qui jouent, par une prêtresse , également jouer, et par leur suite .*

9 789358 812664

Printed at Repro India Ltd.